AF370964

ALLOCUTION

Prononcée à la Bénédiction de la Chapelle de l'Hospice
Saint-Jean,

LE 26 MARS 1866

PAR

M. L'ABBÉ FASQUEL

Aumônier de l'Hôpital Général et ancien aumônier
de l'Hospice Saint-Jean.

AU PROFIT DE LA CHAPELLE DE L'HOSPICE SAINT-JEAN

UN FRANC

SAINT-OMER

IMPRIMERIE FLEURY-LEMAIRE, RUE DE WISSOCQ

— 1866 —

Lœtatus sum in his quœ dicta sunt mihi in domum Domini ibemus.

J'ai été rempli de joie dans les paroles qui m'ont été dites : Nous allons dans la maison du Seigneur. (Ps. 121).

Telles sont, mes Frères, les paroles que chantait autrefois le Prophète Royal. David, ce grand serviteur de Dieu, avait vaincu ses ennemis et soumis leurs provinces. Il était arrivé au pied des murs de Jérusalem, dont il voulait faire la capitale de son royaume et où il désirait bâtir un temple, digne de l'Arche Sainte, qui jusque-là n'avait eu qu'un abri emprunté. Mais, une forteresse, élevée sur la montagne de Sion et occupée par des défenseurs, disposés à vendre chèrement leur vie, arrêtait sa marche et l'empêchait d'accomplir ses desseins.

David montre l'obstacle à ses soldats. Aussitôt les plus braves, ceux qui l'avaient suivi dans son exil et avaient partagé tous ses dangers, s'élancent sous la conduite de l'intrépide Joab. Rien ne leur résiste. Ils pénètrent dans la citadelle ; les Jébuséens qui la défendent sont égorgés ou mis en fuite ; la victoire est aux soldats de David, et la ville ouvre ses portes à l'élu du Seigneur ! Là, on le proclame roi de Jérusalem ; et lui, ne voyant dans ces acclamations et dans cette nouvelle conquête que l'occasion ardemment désirée de donner à Dieu un temple sur la terre, s'écrie : *Lætatus sum in his quæ dicta sunt mihi in domum Domini ibimus.* Je suis ravi de joie par tout ce que l'on m'apprend ; enfin ! nous pourrons aller dans la maison du Seigneur.

Ah ! mes sœurs, cette joie du saint roi David, ne l'avez-vous pas ressentie d'abord, quand la dernière volonté d'un riche d'ici-bas [1], suivant la douce lumière

---

[1] M. Huguet-Brouck dont la maison voisine de l'hospice Saint-Jean, fut donnée par testament à l'administration des hospices, avec l'intention, verbalement exprimée à la sœur supérieure de Saint-Jean, d'en faire servir le terrain à l'emplacement d'une chapelle.

d'un rayon de charité, venu d'en haut, vous mit en possession de l'espace, où dans l'avenir, vous pourriez élever une maison au Seigneur, désir ardent qui travaillait vos cœurs ! Comme le Prophète royal, n'avez-vous pas été ravies de joie, quand une pieuse veuve [1], qui n'avait plus rien à aimer sur la terre, voulut spontanément jeter dans le cœur de Dieu et le sein des pauvres, tout son amour, se manifestant par de magnifiques libéralités, capables de faciliter votre sainte entreprise ? Et quand, le digne administrateur de cette maison [2], à qui votre reconnaissance est maintenant acquise pour toujours, s'animant d'un zèle louable pour l'honneur de Dieu et le bien des âmes, fit disparaître par son intelligente initiative les premiers obstacles qui s'opposaient à vos

[1] Mme veuve Delattre. M. Delattre, décédé en 1860, administrateur de l'hospice Saint-Jean, s'occupait activement du projet de construire une chapelle pour le service de la maison dont il était chargé et voulait consacrer à ce projet une somme de 12,000 fr. La mort le surprit sans qu'il ait pu accomplir ses intentions. Mme Delattre les connaissait, et à la somme que son mari, de regrettable mémoire, avait déterminée, elle ajouta 8.000 fr., et donna ainsi pour la construction de la chapelle, la somme de 20,000 fr.

[2] M. Auguste Deschamps de Pas, sous la direction de qui, ont été faits les plans de la chapelle et toutes les nouvelles combinaisons qu'imposait pour le service de la maison, cette construction importante.

pieux désirs ; quand vous vîtes tous vos bons vieillards [1], heureux de travailler sous sa paternelle direction, s'empresser de donner à la construction de la demeure de Dieu, tout ce que peut encore avoir de forces un corps qui tombe et une activité qui s'éteint, et le seconder avec joie dans l'achèvement de ses heureux et utiles projets ; quand, enfin ! après quatre ans d'attente, il vous a été annnoncé cette bonne nouvelle : voici que vous pouvez aller dans la maison de Dieu ! Oh ! oui, mes sœurs, vous aurez abondamment éprouvé ce sentiment de bonheur exprimé par les paroles sacrées, vous, qui avez tout quitté pour être à Dieu et aux pauvres ses amis, et qui venez si souvent au pied du Tabernacle, où réside le Dieu de votre cœur, chercher les consolations qui vous dédommagent et de la patrie absente et des tendresses perdues !

Sans doute, ce Dieu, le plus fidèle des amis, ne vous avait pas quittées ; il était toujours pour vous l'Emmanuël, mais sa demeure était si étroite, si resserrée que même, au milieu de la joie que vous goûtiez d'être à ses côtés, vous ne pouviez vous défendre d'un sentiment de tristesse, inspiré par la gêne, le malaise qu'y éprouvait

[1] Tous les vieillards de Saint-Jean se sont fait un bonheur et un plaisir de nettoyer et de préparer tous les matériaux qui devaient servir aux fondations de la chapelle.

votre famille bien aimée, toujours si nombreuse et par-
fois si souffrante. Au cœur de chacune de vous, Dieu
semblait alors faire entendre cette parole qu'il adressait
autrefois à son peuple par la bouche d'Isaïe [1] : *Angustus
est mihi locus, fac mihi spatium ut habitem.* Ce lieu
où je suis est trop étroit, faites-moi une enceinte où je
puisse habiter. Et alors, toutes vous désiriez lui donner
une demeure plus en rapport avec sa majesté et le nom-
bre de ceux qui devaient l'adorer dans son temple, dût-il
vous en coûter de grands sacrifices. Ces sacrifices [2], mes
sœurs, vous les avez faits dans la mesure de vos forces;
et, aujourd'hui, ce désir est satisfait ! Aujourd'hui, avec
bonheur, vous contemplez tant de difficultés vaincues ;
et vous vous sentez ravies de joie en vous voyant vous,
et tous vos bons vieillards, dans la maison du Seigneur.
Lætatus sum, in domum Domini ibimus.

Et nous tous, mes Frères, ne nous associerons-nous
pas à cette douce joie ? Et la bénédiction qui descendue
du Ciel sur ces murs, a apporté une riche consolation
aux cœurs qui la demandaient depuis si longtemps,

---

[1] Isaïe, c. 49, v. 20.

[2] Les Sœurs de l'hospice Saint-Jean, à plusieurs reprises,
se sont faites humbles quêteuses , pour solliciter, en faveur
de leur chapelle, la générosité de quelques familles qu'on sait
être toujours disposées à seconder le bien.

nous laissera-t-elle indifférents et sans émotion ? Oh non, mes Frères, il n'en sera pas ainsi, car cette pieuse cérémonie doit grandement réjouir notre âme, pour peu qu'elle soit sensible à ce qui procure la gloire de Dieu et le bonheur de nos frères. Parce qu'en effet, toutes les fois que sur un des points de cette terre s'élève un temple au Seigneur, il porte avec lui la manifestation d'une foi vive qui glorifie Dieu, et il offre un asile sûr, où toutes les ténèbres, toutes les misères qui peuvent atteindre l'esprit ou le cœur des hommes, trouvent une lumière et un remède dans les enseignements consolants de l'espérance chrétienne , et dans l'expansion de la charité divine.

En effet, une Eglise, une Chapelle, c'est un livre ouvert, placé sous nos yeux et qui réveille notre foi. L'autel qui en est la partie la plus importante, voilà le centre sacré d'où rayonne la vérité, et tout ce qui l'entoure a un langage, une expression et forme comme le symbole de la foi. La croix qui le surmonte nous dit la grandeur du péché et l'excellence de la réparation ; l'autel lui-même, c'est le Calvaire où, pour des besoins sans cesse renaissants, se continue d'une manière mystérieuse le sacrifice qui racheta le monde. Ces anges qui le couronnent, ce sont les esprits célestes qui descendent vers nous et reportent à Dieu l'encens de nos adorations et de nos prières ; ces pieuses images, sortant de la pierre où rayonnant dans d'étincelantes verrières, ce sont les Saints, intercédant pour nous, et reliant par les anneaux de leur charité l'Eglise de la terre à l'Eglise du Ciel. Partout, sur le bois ou sur la pierre, la foi se manifeste, s'épanouit, se traduit sous mille formes, afin de s'emparer de l'esprit et du cœur de l'homme et de les donner à Dieu.

Mais de nos jours, bâtir une église, construire une chapelle, n'est-ce pas protester par un acte admirable de foi contre les horribles outrages jetés à la divinité de Jésus-Christ, la grande gloire de Dieu ? Nos temples en effet ne sont pas des temples vides, semblables à celui de Jérusalem, où tout se passait en ombre et en figure. Alors le Seigneur habitait encore dans les cieux, et son trône était encore au-dessus des nuées. Mais depuis que sa bénignité nous est apparue dans la personne de son Fils unique [1], depuis que Jésus vivant sur la terre a daigné pour nous instruire, converser avec les hommes ; depuis que par d'adorables mystères, il nous a laissé réellement son corps et son sang divins, depuis lors, l'autel du Ciel n'a plus aucun avantage sur le nôtre, et nos églises, nos chapelles, sont devenues ces nouveaux Cieux que le Prophète promettait à la terre. *Ecclesia est aula regia Cœli, cœlum ipsum.* L'église, dit Saint-

[1] Saint Paul, Ep. à Tit. c. 3. v. 4.

Chrysostôme, est une cour royale céleste, c'est le Ciel lui-même ; parce que dans une église comme dans le Ciel, Jésus-Christ vrai Dieu, habite d'une manière permanente ; parce que là, sa divinité est confessée, reconnue par ses enfants comme elle l'est dans le Ciel par les Saints et par les Anges. C'est cette divinité qui est proclamée et par les sacrifices qu'on lui offre et par l'encens qu'on brûle en son honneur, et par les supplications qu'on lui adresse. Et maintenant, qu'autour de cette enceinte sacrée, l'impiété murmure ses audacieux blasphèmes, d'ici, vers le trône de l'Agneau immolé pour le salut du monde, montera incessamment le chant de l'adoration et de la louange ! Que l'impiété attaque la divinité de Jésus, d'ici, s'échappera toujours cette parole de l'Apôtre transporté de foi et d'amour : O Jésus ! vous êtes mon Seigneur et mon Dieu. *Dominus meus et Deus meus* [1], et de chacune des pierres de cet édifice bénit s'élancera cette parole victorieuse du symbole : *Credo... in Dominum Jesum Christum... Deum verum.* Je suis là pour attester la foi en Notre Seigneur Jésus-Christ, véritablement Dieu [2].

Mais, mes Frères, une église, une chapelle n'est pas seulement une école de foi, une manifestation de foi,

---

[1] Saint-Jean, c. 20. v. 28.

[2] Paroles du symbole de Nicée.

c'est encore un asile sûr où toutes les ténèbres, toutes les misères qui peuvent atteindre l'esprit où le cœur de l'homme trouvent une lumière et un remède dans les enseignements consolants de l'espérance chrétienne et dans l'expansion de la charité divine.

L'homme n'est quelque chose que par son intelligence et par son cœur, car sa volonté ne se porte que vers l'objet compris par l'intelligence ou désiré par le cœur. Et Dieu qui a fait l'homme le roi de la création, n'a pas voulu que cet être privilégié abaissât sa grandeur dans la recherche d'un bien indigne de lui. Il s'est proposé lui-même comme l'objet de la puissante activité de l'homme. Et l'homme a été fait pour connaître, aimer et servir Dieu, souverain bien et suprême vérité. Tels sont les devoirs qu'il a à remplir sur la terre, et, à la fidélité qu'il y donnera, est attaché son éternel bonheur. Mais l'esprit mauvais dispute à Dieu la possession de sa créature, et travaillant à faire partager à l'homme sa chûte et son châtiment, il jette l'erreur dans son esprit, l'amour des plaisirs dans son cœur et asservit ainsi sa volonté aux plus honteuses passions. Où donc s'exercera la puissance assez grande pour s'opposer à cette action de l'enfer, et pour réparer ces ruines lamentables qu'elle fait dans l'intelligence et le cœur de l'homme ? Où se trouvera le remède assez énergique pour arrêter les progrès de ce mal envahissant, capable de ruiner les desseins de Dieu ? Où ? mes frères ! Dans une église, dans une chapelle. Là, en effet, plus particulièrement que partout ailleurs, Dieu est encore la lumière et la vie du monde. Et comme autrefois Jésus, le Verbe éternel de Dieu, allait de ville en ville, de bourgade en bourgade, semant au milieu d'un peuple ignorant et aveugle, les vérités avec les prodiges ; ainsi il répand encore devant des esprits avilis par l'ignorance, égarés par l'erreur, les consolants oracles de l'Evangile. Ici, comme aux jours de sa vie mortelle, il parle encore et il parlera jusqu'à la fin des temps. Le prêtre n'est que son organe, et il fait comme les prophètes qui disaient ce qu'ils avaient entendu ou ce que l'inspiration divine leur avait suggéré. Jésus-Christ emprunte de lui, le son, les formes, le langage, mais la doctrine que fait entendre et développe la parole est à lui. Et comme l'homme ne vit pas seulement de pain mais de toute parole qui sort de la bouche de Dieu [1], cette divine parole apportera à l'homme la nourriture que réclame son intelligence, et elle l'éclairera, elle le consolera. Cette doctrine, pénétrée de la puissance du Dieu de toute sagesse et de toute vérité, a dissipé les ténèbres du monde, a renversé les faux dieux, confondu les savants, elle dissipera donc encore les ténèbres de l'erreur, et portera donc encore la lumière dans les âmes de bonne volonté.

[1] St Math c. 4. v. 4

Travaillant à réformer les idées qui font les mœurs, elle enseignera par là même toute vertu, et à toutes les situations, elle montrera la voie du salut.

A ceux qui possèdent les biens de la terre, elle dira que Dieu seul est riche, et que cette abondance qui les entoure, n'est qu'un bien prêté, dont ils peuvent être privés d'un instant à l'autre ; qu'ils ne doivent donc pas mettre leur confiance ni l'ardeur de tous leurs efforts dans leurs richesses, ni dans les moyens de les augmenter incessamment, mais bien plutôt rechercher ces trésors spirituels et invisibles, mille fois plus précieux que ceux qu'ils possèdent et dont ils sont dépourvus. Elle leur dira qu'ils n'ont point ici bas de demeure stable, et, qu'en économes prudents de celui qui leur prête ses biens, ils doivent les employer à agrandir son règne sur la terre par de pieuses libéralités et d'abondantes aumônes répandues sur les pauvres, afin, que quand leur âme viendra à quitter la maison de boue qui la renferme, elle puisse être reçue dans les Tabernacles éternels. Et, si elle leur conseille le détachement de ces biens périssables, elle les console par l'espérance des biens immuables qui font la richesse de Dieu lui-même. Elle les garantit ainsi de cette erreur qui cherche, surtout dans notre siècle, à faire de la richesse un Dieu, à qui tout doit être sacrifié, et les puissances de l'âme, et les forces du corps, et la vie présente et la v à venir. Erreur qui fait servilement se prosterner devant les richesses, des âmes chrétiennes faites pour le Ciel, comme autrefois une autre erreur faisait fléchir le genou au peuple de Dieu, devant le veau d'or.

Aux déshérités des biens de ce monde, elle rappellera qu'ils sont les enfants, les amis privilégiés du Dieu qui a voulu naître, vivre et mourir pauvre ; que ce dénument, cet abandon dont ils se plaignent, il les a lui-même connus et en a, avant eux, goûté toute l'amertume ; mais que s'ils ont part à ses humiliations et à ses tristesses sur la terre, ils doivent un jour connaître avec lui les joies du Paradis, et habiter avec lui les demeures célestes. Elle leur dira qu'ils ne sont point ici bas pour jouir ; que la vie présente n'est point le terme de leur existence qui doit se prolonger au-delà du tombeau, mais, qu'elle est une épreuve, un combat ; et que celui qui a l'épreuve plus rude, le combat plus difficile ,a droit d'espérer de Dieu, juste rénumérateur des mérites, des joies plus pures, une récompense plus grande; que s'ils sont éloignés du banquet, où se partagent et se goûtent toutes les douceurs de ce monde, ils doivent attendre avec patience et résignation, et se souvenir, qu'enfants de Dieu, ils pourront, par la fidélité à la noblesse de leur origine, entrer un jour en possession de tous les biens de la maison paternelle où leurs misères seront oubliées, et leurs douleurs consolées. Ah ! mes

frères, croyez-moi, j'ai presque toujours exercé le saint
ministère au milieu des pauvres, eh bien ! je puis le
dire, devant ces enseignements divins, les pensées du
pauvre s'améliorent, elles s'élèvent alors un peu de la
terre vers le Ciel, et elles commencent à le détacher de ce
matérialisme abject qui incessamment le fait s'user dans
la recherche de grossières satisfactions. Il regarde, avec
une convoitise moins ardente, les biens de ceux qui possèdent, quand la voix de Dieu l'appelle pour lui faire
entrevoir les impérissables richesses qui lui sont pré-
parées.

De celui qui souffre soit dans son corps, soit dans son
cœur, la doctrine divine ne condamnera pas les gémis-
sements, elle saura même y compatir; mais elle lui dira
de les suspendre un instant pour lui montrer la croix du
Juste, de l'Innocent, et elle lui apprendra l'utilité de la
souffrance dont elle lui expliquera le mystère pour l'expiation des fautes. Elle lui révèlera que les larmes,
unies au sang d'un Dieu sauveur, purifient les âmes de
toute souillure, et, elle le relèvera à ses propres yeux,
en lui montrant même la beauté et la grandeur de
la souffrance, puisque, au dire de sainte Catherine de
Sienne, le divin Jésus, se voyant privé de cet ornement
dans le Ciel, est venu sur la terre pour le mériter. Alors
celui que la souffrance a visité, devant la croix de son
sauveur, trouve la sienne moins lourde ; puis, reprenant

courage, quoique en versant des larmes, il suit avec une amoureuse résignation le chemin qui s'ouvre devant lui, et qu'il voit rougi du sang de son Dieu. Bientôt durant le chemin, un rayon d'espérance illuminant son esprit lui fera entrevoir ses larmes, humbles et silencieuses, transformées en perles précieuses et destinées à couronner sa générosité et sa patience. Et ainsi, seront éloignées de son esprit, les désolantes pensées de découragement, et de son cœur, les sombres inspirations du désespoir.

Voilà, mes frères, comment la vérité et l'espérance chrétienne portées sur les ailes de la parole divine, retentissant dans une église, dans une chapelle, distribueront la lumière pour dissiper l'erreur, et la consolation pour relever et ennoblir les pensées et les jugements de l'homme.

Mais, pour les misères et les faiblesses de son cœur, ah ! c'est encore ici, dans une église, dans une chapelle que la charité se montrera de la part de Dieu et s'agrandira dans le cœur de l'homme.

Oui, pour celui qui aux jours mauvais de la tentation a abandonné son cœur à l'amour du mal, une église, une chapelle, c'est l'apparition de la miséricorde divine, c'est l'asile du repentir, et l'assurance du pardon. Dieu est là, debout pour ainsi dire sur le seuil du temple. Il semble y attendre sa créature qu'il avait

appelée à la gloire, et qui, dans l'ivresse des passions, a laissé tomber de son front la couronne d'honneur dont il l'avait orné. Il la regarde et ne voit plus en
elle qu'un enfant de colère, mais il se souvient que
pour la posséder il a tout fait, tout sacrifié; aussitôt pour
elle, il sent renaître toute sa tendresse et sa charité ; il
veut en faire désormais un enfant d'amour. Il l'appelle
par des mouvements secrets qui la pénètrent de douceur
et de tristesse. Il lui tient sa maison ouverte à toute
heure, il lui tend les bras comme le père de l'enfant
prodigue, et, comme le bon samaritain, il prend dans
l'étreinte de sa miséricorde cette pauvre âme que des
passions honteuses ont saisie dans les chemins de la
vie, et ont indignement maltraitée, défigurée. Sur toutes
ses plaies, il verse l'huile du pardon, il les bande amou-
reusement avec les conseils de sa sagesse; bientôt après
la faisant asseoir à la table que son infinie bonté a pré-
parée, il la reconforte par un vin généreux qui n'est
rien autre chose que le sang qu'il tire de son cœur
divin. Puis dans le calme, il lui laisse goûter combien
le Seigneur est doux à ceux qui l'aiment ! Cette âme
que de fausses joies avaient d'abord égarée, ensuite
torturée, se sent divinement consolée ! Elle trouve qu'un
jour passé dans la maison du Seigneur vaut mieux que
mille écoulés sous la tente des pécheurs, et tout lui
paraît amer, auprès des pures joies qu'elle savoure dans

la société du Dieu qui déjà autrefois avait réjoui sa jeunesse ! Véritable tableau de ce que fait la charité de Dieu dans une église, dans une chapelle pour ceux qui l'ont abandonné ! Oh ! qui racontera toutes les merveilles de miséricorde divine qui se sont opérées sous les voûtes bénies du temple de Dieu, en faveur des pécheurs ? Combien y ont pénétré, sentant en euxmêmes les déchirements de l'enfer, et les ont quittées emportant la suave tranquillité du Ciel ? Pour combien la porte d'une chapelle n'a-t-elle pas été la porte du Paradis !

Et ce n'est pas seulement pour les pécheurs qui s'approchent de lui que Dieu manifeste sa charité dans une église, dans une chapelle ; il la manifeste encore pour tous les pécheurs quelque part qu'ils soient. Dans une chapelle, en effet, se continue le grand sacrifice d'expiation et d'amour qui s'est accompli sur le Calvaire. Dans une chapelle, sur un autel, la rédemption consommée au Golgotha se perpétue, et de la sorte, si le péché renaît et se renouvelle toujours, le sang qui le rachète coule aussi d'une source intarissable. C'est la même victime qui subit toujours un sacrifice non répété ni renouvelé, mais perpétuel. Cette parole : *que la lumière soit,* prononcée une fois, créa la lumière, mais elle se prononce indéfiniment dans le sein de Dieu, puisque la lumière continue d'être. Il en est de même ici. Par cette parole prononcée dans le cénacle, lors de l'institution du sacrifice eucharistique : *faites ceci en mémoire de moi,* le sang de la sainte victime coule perpétuellement sur les autels, et de là, s'élève vers le trône de Dieu pour le glorifier toujours et pour toujours demander grâce en faveur des pécheurs, quelqu'éloignés qu'ils soient.

Il y a plus. Par la continuité du sacrifice, dans tous nos tabernacles, le corps du divin Jésus repose enveloppé du voile mystérieux des espèces, comme d'un linceul. C'est là, que viennent le visiter, le prier, ces âmes qui vivent de la foi et dont la patrie n'est plus sur la terre. Comme ces pieuses femmes qui s'empressaient d'aller au saint tombeau pour entourer le corps de leur Dieu bien aimé, des parfums les plus précieux, ainsi, ces âmes, tout ardentes d'amour pour le Dieu de l'Eucharistie, viennent déposer autour du tabernacle les parfums de leurs adorations, de leurs louanges et de leurs prières. Auprès de lui, elles viennent, chaque jour, chercher une nouvelle force pour soutenir de nouveaux combats et accomplir de nouveaux sacrifices. Et, de ces entretiens journaliers entre Dieu et sa créature, et de ces communications intimes de Dieu à l'âme, que d'admirables effets sont sortis ! Que de vertus héroïques sont nées et se sont développées dans les cœurs, par les rayons de l'amour divin jaillissant du tabernacle !

Ah ! mes frères, nous nous étonnons quelquefois du dévouement patient, généreux, infatigable des sœurs hospitalières ; nous nous demandons où elles trouvent cette force qui leur fait contempler sans dégoût toutes les misères, soigner toutes les plaies, consoler toutes les douleurs ? Mes frères, elles la trouvent dans leur chapelle, à l'autel, au tabernacle ! Là, elles se nourrissent du Dieu de toute charité, de tout dévouement, de tout sacrifice, du Dieu qui s'est donné, immolé tout entier pour elles et pour leurs frères ; leur âme s'assimile cette nourriture divine, qui transforme leur être si frêle, si timide, et elles deviennent ainsi toute charité, tout dévouement, tout sacrifice, Jésus-Christ vit en elles ! C'est là l'explication de cette vie d'immolation continuelle, consacrée au soulagement de toutes les misères, et qui excite l'admiration des ennemis mêmes de Dieu ! L'hérétique Angleterre, la sceptique Allemagne, toutes les nations en un mot qui ont déchiré le symbole de la foi, ont des femmes comme les nôtres, mais elles n'ont pas notre sœur hospitalière, parce que leurs chapelles, leurs églises, sont des temples vides : elles n'ont ni l'autel, ni le tabernacle ; elles n'ont point comme nous, ce foyer de divine charité qui par la chaleur de ses rayons, et la communication de son ardeur sait produire cette vie admirable d'abnégation et de sacrifices, qui s'abrite sous le toit de nos hôpitaux et s'épuise auprès du lit de nos vieillards et de nos malades.

Vous le voyez donc, mes frères, quand une église, une chapelle est érigée sur un des points de cette terre, nous devons grandement nous réjouir, car par elle, la foi sera enseignée, attestée, vengée; par elle, nos frères seront éclairés, consolés et conduits à leur fin surnaturelle ; par elle, la gloire de Dieu sera tous les jours augmentée, sa justice apaisée, sa miséricorde sollicitée, son amour pour les pécheurs plus facilement exercé, par elle, enfin, le sauveur des hommes caché sous l'enveloppe de sa créature passera encore au milieu de toutes les misères en faisant le bien ! Or, tous ces précieux avantages se trouveront dans cette chapelle, à la bénédiction de laquelle votre présence nombreuse et recueillie donne plus de solennité. Réjouissons-nous donc aussi, car c'est bien là un jour que le Seigneur a fait, et dans lequel il se montre pour nous et pour nos frères vraiment bon et généreux.

Pour vous, Messieurs, vous magistrat dévoué [1], administrateurs zélés [2] dont la présence rehausse l'éclat de cette pieuse cérémonie, ces avantages, vous les avez noblement compris, et nous sommes heureux et recon-

[1] M. Félix de Monnecove, maire de St-Omer, président de la commission administrative des hospices.

[2] MM. A. Deschamps de Pas, Nadal, Van Heeghe, Bret, Gréhan.

naissants que vous soyez venus le témoigner aujourd'hui par votre honorable concours. Nous savions déjà, que jamais on ne s'adresse inutilement à votre cœur et à votre volonté quand on expose devant vous les intérêts de la religion et de l'humanité, mais nous en avons eu une nouvelle preuve, par le don généreux (¹) à l'aide duquel, vous avez voulu contribuer à l'achèvement de cette belle chapelle. Au nom du Dieu qui sait même se souvenir d'un verre d'eau froide donné au pauvre par amour pour lui, au nom de la religion qui garde toujours soigneusement la mémoire des bienfaits reçus, nous vous exprimons, Messieurs, devant toute cette assemblée, notre vive et profonde gratitude.

Et maintenant, ô mon Dieu! puisque votre droite s'est levée, à la prière de nos cœurs, pour bénir cette maison qui désormais vous est consacrée, ah! qu'elle se lève encore en ce moment, et qu'elle bénisse tous ceux qui s'y trouvent assemblés. Oui, bénissez ces administrateurs bienveillants; ils sont les amis des pauvres, ô Jésus père des pauvres, répandez donc sur eux, sur leurs familles, vos bénédictions les plus précieuses et les plus douces, en échange de l'affectueux intérêt qu'ils por-

______

(¹) L'administration des hospices, sur l'avis favorable du Conseil municipal, a voté une somme de 10,000 francs, pour l'achèvement de la chapelle de l'hospice St-Jean.

tent à vos enfants de prédilection. Ils aiment les malheureux, c'est vous aimer, ô mon Dieu, aimez-les donc, et bénissez-les avec une tendresse divinement paternelle.

Bénissez l'âme généreuse qui a si puissamment contribué à vous élever cette demeure. En cela, elle a voulu accomplir les désirs de celui dont votre volonté l'a séparée, et dont nous n'oublierons jamais les bienfaits, car pour nous tous il fut toujours un père et un ami. Mais elle a voulu plus encore; elle a voulu lui rester constamment unie par la prière de la charité, et elle vous a élevé cet autel, afin que le sang adorable de votre divin Fils y coulant incessamment, portât s'il en était encore besoin,la consolation à celui qu'elle pleure toujours, et vous donnât de plus la gloire, à vous, ô mon Dieu, dans le sein de qui elle espère être réunie à tous ceux qu'elle a aimés ici bas. Bénissez-la donc, divin consolateur des affligés, et puisqu'elle vous a offert une maison sur la terre, daignez-lui réserver pour demeure permanente les tabernacles éternels.

Bénissez ces vierges chrétiennes dont la voix chantera si souvent vos louanges sous ces voûtes sacrées. Bénissez-les en les affermissant dans leur sainte et admirable vocation, pour qu'elles soient toujours la gloire de la religion, la consolation de l'église et l'image sensible de votre paternelle Providence envers les infirmes et les affligés. Bénissez-les afin que si sur la terre, elles sèment dans les fatigues et les larmes, elles puissent au moins récolter la joie dans le Ciel, en vous présentant les gerbes de leurs renoncements et de leurs sacrifices que vos divines bénédictions auront sanctifiés.

Bénissez tous ces bons vieillards qui viendront vous prier et vous adorer dans votre temple. Augmentez en eux la foi à votre sainte parole et à vos divines promesses. Affermissez dans leurs âmes l'espérance en vos célestes consolations, afin qu'ils se détachent de plus en plus de la terre. Réchauffez et dilatez leurs cœurs par les ardeurs de la charité, pour qu'ils n'aiment plus que vous, ô mon Dieu, et qu'ils puissent ainsi être dignes de connaître toutes les joies que vous leur réservez durant les années éternelles.

Bénissez tous ceux qui par leurs dons, leurs talents, leurs travaux ont contribué à l'embellissement de votre maison et ont cherché ainsi à glorifier votre grandeur sur la terre.

Bénissez-nous tous, ô notre Père, afin que, si nous goûtons maintenant combien il est doux à des frères d'habiter ensemble dans la maison du père de famille, nous puissions, par notre fidélité à conserver votre amour, mériter de nous trouver encore tous réunis dans vos saints tabernacles et devant le trône de l'agneau, pour chanter l'hymne sans fin de la reconnaissance et de l'amour !